W0362595

VEGANE WEIHNACHTS BÄCKEREI

Kristina Unterweger

NEUN ZEHN

Basics

Weihnachtsplätzchen

Weihnachtsgebäck

Einleitung

Helfer in der Backstube

Digitalwaage ist unerlässlich, da sie auch kleine Mengen genau anzeigt.

Stabmixer ist wichtig zum Zerkleinern und Pürieren (kann sogar die Küchenmaschine ersetzen).

Handmixer ersetzt die „Handarbeit" mit dem Schneebesen.

Nussmühle gibt es auch als Zusatz bei der Küchenmaschine. Aber auch eine kleine, alte, elektrische **Kaffeemühle** kann zum Einsatz kommen, wenn sie funktioniert! Sie mahlt nicht nur Nüsse bzw. Kaffeebohnen, sondern auch Reis, Quinoa, Hirse, Gerste, Hafer(flocken), Maisgrieß, groben Vollrohrzucker, grobe Vollkornmehle und Sesam feinpudrig.

Teigroller, am besten aus Holz, ist unverzichtbar.

Backpinsel dürfen nicht „haaren" und sollen daher von guter Qualität sein.

Teigspatel sind am besten aus hitzebeständigem Silikon.

Dressiersack gibt es auch als Einwegmodelle. Dazu noch einige verschieden große, glatte und gezackte Tüllen und dem kreativen Verzieren von Backwaren steht nichts mehr im Weg.

Backformen sollten in verschiedenen Ausführungen vorhanden sein: Tortenform (Springform in 2 verschiedenen Größen), Gugelhupfform bzw. Kranzform, Kastenform (in 2 verschiedenen Größen), Muffinblech (ersatzweise 3 ineinander gestellte Manschetten), Tarteform (ideal mit herausnehmbarem Boden und in 2 verschiedenen Größen), backofenfeste Cupcakeförmchen, Plätzchenausstecher, 2 Backbleche.

Rührschüsseln in verschiedenen Größen (2–3 Stück) sind notwendig, um nicht zwischendurch abwaschen zu müssen.

Gute Tipps

Backformen sollen immer nur bis zu ⅔ bzw. ¾ mit dem Teig befüllt werden. Die Masse dabei an den Rändern hochstreichen, damit das Backwerk nach dem Backen keinen „Buckel" hat.

Mürbteig: Wenn er bröselt, muss tropfenweise kaltes Wasser eingeknetet werden (auch wenn es nicht im Rezept steht). Wenn er jedoch zu klebrig ist, muss einfach noch mehr Mehl dazu! Mürbteige sollen, in Klarsichtfolie gewickelt, im Kühlschrank ruhen.

Rührteig: Man sollte ihn sofort in vorbereitete Formen füllen und gleich in den vorgeheizten Backofen geben.

Germteig: Alle Zutaten sollen beim Verarbeiten handwarm sein. Den Teig immer so lange kneten bzw. abschlagen, bis er sich vom Kochlöffel oder Handballen löst. Germteige sollen mit einem Baumwolltuch zugedeckt an einem warmen Ort ruhen, damit sich das Volumen vergrößert. Durch zweimaliges Ruhen wird der Teig noch feinporiger.

Backpapier erspart das Einfetten des Backblechs und verhilft einer Torte zu einer perfekten Oberfläche, wenn man es zwischen Tortenboden und Tortenring einspannt.

Fast jedes Backwerk kommt in den **vorgeheizten Backofen**. Da jedoch alle unterschiedlich heizen, können Temperatur- und Zeitangaben ein wenig variieren. Wichtig ist daher, dass bei Kuchen und großen Backwaren die **Stäbchenprobe** gemacht wird. Dafür gegen Ende der Backzeit mit einem Holzspieß vorsichtig in die Mitte stechen. Bleiben beim Herausziehen feuchte Krümel daran kleben, noch ein wenig weiter backen lassen. Die Stäbchenprobe danach einfach nochmals durchführen. Bei Plätzchen entfällt sie. Hier auf Augen und Nase vertrauen.

Großes Backwerk (Kuchen, Torten, Stollen, …) immer auf dem Kuchengitter auskühlen lassen. Kleingebäck (Plätzchen, Makronen, …) soll hingegen sofort vom Blech genommen werden, außer es ist im Rezept anders angegeben.

Torten und Kuchen sollten relativ rasch nach dem Backen verzehrt werden. Plätzchen hingegen können länger aufbewahrt werden. Trocken sollen Kekse gelagert werden, die knusprig bleiben sollen oder „karamellig" sind. Dafür ungekochten Reis auf den Boden einer gut verschließbaren Keksdose streuen, Backpapier darüber legen und die Kekse hineinlegen. Kekse hingegen, die saftig und weich bleiben sollen (wie z. B. Lebkuchen), am besten zusammen mit einem Apfel in einer gut verschließbaren Dose aufbewahren. Die meisten Backwaren lassen sich gut einfrieren und halten sich dann bis zu 6 Monaten. Dafür gibt man sie vorzugsweise in aromadichte Kühlbehälter.

Backzutaten

Sie sollten am besten **regional**, **saisonal** und in **Bio-Qualität** sein.

Pflanzenmilch und -cuisine sind nicht nur Milchersatz, sondern köstlich und gesund.

Bio-Nüsse werden nicht mit Giften gespritzt bzw. nach der Ernte chemisch behandelt oder gebleicht.

Bio-Früchte, auch getrocknet, haben einen besonders intensiven Geschmack, weil sie vollreif geerntet werden und nicht mit Spritzgiften behandelt wurden.

Bio-Hefe funktioniert ohne Herstellung eines Vorteigs.

Bio-Sauerteig, flüssig oder getrocknet, ist sofort backbereit.

Bio-Weinsteinpulver ist phosphatfrei und enthält nur Natron, Maisstärke und natürlichen Weinstein.

Bio-Aromen, wie Bourbon-Vanillezucker, Zitronen- bzw. Orangenschale, getrocknete Kräuter und Gewürze geben Backwaren besonders feine, aber durchaus intensive Geschmacksnoten.

Leinsamen, fein gemahlen und in wenig Wasser ca. 5 Minuten quellen gelassen, ist ein sehr guter und gesunder Eiersatz.

Öle, besonders neutrale Öle, aber auch Olivenöl, eignen sich vorzüglich zum Backen. Rapsöl passt in jedes Backwerk. Es wird aus heimischer Rapssaat gepresst und ist reich an ungesättigten Fettsäuren (mit einem hohen Gehalt an Omega-3-Fettsäuren). Ein weiterer Vorteil von Ölen ist, dass man nur die halbe Menge im Vergleich zu Margarine benötigt.

Zucker ist immer ein ganz spezielles Thema in der Vollwertküche. Vollrohrzucker (fein gemahlen in der Nuss- oder Kaffeemühle) ist eine gute Möglichkeit, Süßes halbwegs gesund zu genießen. Vollrohrzucker ist nicht raffiniert und daher noch reich an Vitaminen des B- und E-Komplexes, sowie an Eisen, Magnesium, Kalium und Calcium. Alternativ kann man gut Ahornsirup und Agavendicksaft (Agavenzucker) verwenden. Birkenzucker ist eine Alternative, wirkt in großen Mengen aber abführend.

Bio-Vollkornmehle haben alle Mineralstoffe und Vitamine aus Keim- und Randschichten. Am besten sind sie frisch gemahlen aus der Getreidemühle. Bereits gemahlene Mehle halten dunkel und kühl gelagert ca. 8 Wochen. Sie sind nicht typisiert, sondern werden in Mahlgraden (z.B. fein gemahlen) angegeben.

Reis, Quinoa, Gerste, Hirse, Hafer(flocken), Maisgrieß, usw. halten gut und lange. Viele davon kann man als Schrot oder Mehl kaufen. Meist benötigt man nur kleine Mengen, deshalb selbst so viel mahlen, wie das Rezept angibt (Kaffeemühle!).

Marmelade/Konfitüre

1 kg Früchte (z.B. Himbeeren, Erdbeeren, Aprikosen, entsteint, ...)
400 g Süßungsmittel (Vollrohrzucker, fein gemahlen oder Agavensirup)
Gelierfix 2 : 1 (bestehend aus Apfelpektin, Zitronensäure und Kartoffelstärke)

1. Reife Früchte waschen, klein schneiden und mit dem Süßungsmittel mischen.

2. Mit Stabmixer pürieren. Gelierfix gut unterrühren.

3. In einem großen Topf unter ständigem Rühren aufkochen (brennt sehr schnell an) und ca. 5 Minuten köcheln lassen (rühren, rühren!).

4. Vorbereitete Gläser nochmals heiß ausspülen, Deckel ca. 5 Minuten köcheln lassen und die Marmelade randvoll einfüllen.

5. Gut verschließen, 10 Minuten kopfüber stellen und auskühlen lassen.

Wenn man auf das Gelierfix verzichten möchte, lässt man die Marmelade einfach 20–25 Minuten köcheln (ständig rühren!). Mit einem kleinen Löffel einen kleinen Klecks Marmelade auf einen Teller geben und so die Gelierprobe machen. Wenn die Marmelade nicht in 1–2 Minuten geliert, muss man sie noch etwas länger köcheln lassen.

Nougat
260 g

150 g Mandeln
70 g Vollrohrzucker, fein gemahlen
80 g Schokolade, 70 %

1. Mandeln in Wasser kurz aufkochen, mit kaltem Wasser abschrecken und die Haut abziehen.

2. Mandeln fein mahlen, bis sie zu einer öligen Masse werden. Zucker dazugeben und weiter mahlen, bis alles feinst bröselig ist.

3. Schokolade im Wasserbad schmelzen und mit der Mandelzuckermasse gut verkneten. Die Farbe und Konsistenz des fertigen Nougats sollte einheitlich sein.

4. In Folie wickeln und kühl aufbewahren.

Wenn anstelle der Mandeln Haselnüsse verwendet werden, diese auf ein Backblech geben und im vorgeheizten Backofen bei 150 °C ca. 10–15 Minuten rösten. Anschließend in ein Geschirrtuch packen, dieses eng zusammendrehen und die Nüsse gegeneinander reiben, damit sich die Schale löst.

Rohmarzipan
ca. 200 g

100 g Mandeln
90 g Agavenzucker
10 g Rosenwasser
1 TL Wasser
eventuell:
1 Bittermandel
(mit den restlichen Mandeln verarbeiten)

1. Mandeln in Wasser kurz aufkochen, kalt abschrecken und Haut abziehen.

2. Feinst mahlen bis die Masse ölig wird. Mit Zucker, Rosenwasser und Wasser verkneten.

3. In Folie wickeln und kühl aufbewahren.

Weiße Schokolade

100 g Kakaobutter
100 g Mandeln
50 g Agavenzucker oder -dicksaft
30 ml Mandelcuisine
1 TL Vanille
1 Prise Salz

1. Mandeln in Wasser kurz aufkochen, kalt abschrecken und die Haut abziehen.

2. Mit dem Stabmixer pürieren, Cuisine dazugeben, Vanille und Agavenzucker untermengen und immer weiter pürieren.

3. Kakaobutter über Wasserbad schmelzen und esslöffelweise unter die Mandelmasse rühren.

4. Kleine Kastenform (15 x 8 cm) mit Klarsichtfolie auskleiden und Masse einfüllen.

5. Im Kühlschrank fest werden lassen. Stürzen und verpacken.

Orangensirup

150 ml Orangensaft, frisch gepresst
80 g Agavensirup

1. Orangensaft und Agavensirup aufkochen und bei kleiner Hitze so lange köcheln lassen, bis die Flüssigkeit sirupartig eindickt.

2. In ein kleines, verschließbares Glas füllen.

Kann immer wieder im Wasserbad erwärmt werden.

Florentiner

60 g Vollrohrzucker
1 TL Vanille
60 g Agavensirup
40 ml Rapsöl
1 Prise Salz
120 g Mandelblättchen
60 g Aprikosen, getrocknet
60 g Ananas, getrocknet
½ TL Zitronenschale
100 g Kuvertüre

1. Backofen auf 190 °C vorheizen. Tortenform mit Backpapier auslegen und festklemmen. (Backpapier auf Tortenboden legen, Ring einsetzen und festklemmen. Überlappendes Backpapier rundum abschneiden.)

2. Zucker mit Vanille, Salz, Sirup und Öl unter Rühren aufkochen. Hitze zurückschalten, die klein g eschnittenen Aprikosen und Ananas unterheben, ebenso die Mandelblättchen mit der Zitronenschale. Unter ständigem Rühren ca. 5 Minuten leise köcheln lassen.

3. Masse in die Tortenform füllen, glatt streichen und ca. 15 Minuten auf mittlerer Schiebeleiste backen.

4. Überkühlen lassen, aus der Form nehmen, stürzen und Papier abziehen.

5. Kuvertüre über Wasserbad schmelzen und mit einem Pinsel das Backwerk damit bestreichen. Wenn die Schokolade getrocknet ist, Vorgang wiederholen.

6. Mit kleinen Ausstechformen (Figürchen oder runde Form) die Florentinerkekse ausstechen.

Hauskekse

1½ Backbleche

125 g Dinkelvollkornmehl, fein gemahlen
6 g Weinsteinbackpulver
1 Prise Salz
30 g Agavenzucker (Vollrohrzucker), fein gemahlen
1 EL Zitronenschale
1 EL Zitronensaft
10 g Leinsamen, gemahlen in 50 ml Wasser
40 ml Rapsöl
etwas Mehl für das Backbrett

1. Backofen auf 200 °C vorheizen. Backblech mit Backpapier belegen.

2. Leinsamen ca. 5 Minuten im Wasser quellen lassen. Mehl mit Backpulver und Salz versieben. Leinsamen mit Öl und Zitronensaft vermengen. Alle Zutaten zügig mit dem Löffel verrühren und auf dem Backbrett verkneten. Sollte der Teig noch zu bröselig sein, 1 bis 2 EL eiskaltes Wasser einkneten.

3. In Folie wickeln und 1 Stunde in den Kühlschrank geben.

4. Teig auf einem bemehlten Backbrett mit bemehltem Nudelholz dünn ausrollen und Plätzchen ausstechen.

5. Bei 200 °C ca. 10 Minuten auf mittlerer Schiene backen.

Haferkekse

ca. 15 Stück

25 g Vollkornmehl, fein gemahlen (Dinkel oder Weizen)
8 g Weinsteinbackpulver
1 Prise Salz
75 g Haferflocken
45 g Vollrohrzucker, fein gemahlen
½ TL Vanille
3 g Leinsamen, gemahlen in 40 ml Wasser
30 ml Rapsöl

1. Backofen auf 180 °C vorheizen. Mehl mit Salz und Backpulver versieben. Leinsamen im Wasser ca. 5 Minuten quellen lassen. Mit Hälfte des Öls verrühren. Haferflocken mit Zucker, Vanille und der zweiten Hälfte Öl goldgelb rösten (stetig rühren, da es rasch verbrennt). Alle Zutaten gut vermengen.

2. Backblech mit Backpapier auslegen. Mit einem nassen Teelöffel kleine Häufchen auf das Blech setzen. Nach 5 Minuten Backzeit die Plätzchen eventuell mit den Fingern nochmals nachformen, wenn sie zu flach auseinanderlaufen.

Schmecken frisch besonders gut !

Schokoladenkekse mit Karamellnüssen

2 Backbleche

175 g Vollkornmehl, fein gemahlen (Dinkel oder Weizen)
1 TL Weinsteinbackpulver
½ TL Natron
1 Prise Salz
75 g Vollrohrzucker, fein gemahlen
30 g Kakao
½ TL Zitronenschale
10 g Leinsamen, gemahlen in 100 ml Wasser
60 ml Öl (Maiskeimöl, Rapsöl)
40 g Agavensirup
1 EL Vollrohrzucker
1 EL Mandelcuisine
50 g Haselnüsse, ganz

1. Backofen auf 180 °C vorheizen. Backblech mit Backpapier belegen und Haselnüsse darauf verteilen. Ca. 10 Minuten auf mittlerer Schiene rösten. Nüsse in Geschirrtuch geben, Enden zusammendrehen und Schale abrubbeln.

2. Mehl mit Backpulver, Natron und Salz versieben, Leinsamen im Wasser 5 Minuten quellen lassen. Mit dem Öl verrühren. Zucker, Kakao und Zitronenschale mischen. Alle Zutaten mit einem Löffel zügig verrühren und rasch zu einem Teig verkneten. Wenn er zu weich ist, etwas Mehl dazugeben, wenn zu bröselig, 1–2 EL eiskaltes Wasser.

3. In Folie wickeln und 2 Stunden in den Kühlschrank geben.

4. Für den Karamell Zucker und Agavensirup unter Rühren in einem kleinen Topf erhitzen, Mandelcuisinie dazugeben und leise köcheln lassen, bis die Masse eindickt.

5. Nüsse darin karamellisieren, auf Backpapier legen und abkühlen lassen.

6. Backofen auf 180 °C vorheizen.

7. Teig auf einem bemehlten Backbrett ausrollen und kleine Plätzchen ausstechen. Auf das mit Backpapier ausgelegte Blech setzen und 8–10 Minuten auf mittlerer Schiebeleiste backen.

8. Auf die noch heißen Plätzchen vorsichtig die Karamellnüsse drücken.

Husarenkrapferln

ca. 30 Stück

150 g Vollkornmehl, fein gemahlen (Dinkel oder Weizen)
1 Prise Salz
45 g Vollrohrzucker, fein gemahlen
1 TL Vanille
40 g Haselnüsse, gemahlen
10 g Leinsamen, gemahlen in 70 ml Wasser
60 ml Öl (Rapsöl oder Maiskeimöl)
5 EL Marmelade (siehe Rezept S. 7)

1. Mehl mit Salz, Zucker mit Vanille und Haselnüssen vermengen. Leinsamen im Wasser ca. 5 Minuten quellen lassen und mit Öl vermischen. Alle Zutaten mit einem Löffel verrühren und rasch zu einem Teig verkneten.

2. In Folie gewickelt ca. 2 Stunden kühlen.

3. Backofen auf 190 °C vorheizen.

4. Teig vierteln, zu Rollen formen, ca. 1cm große Stücke abschneiden und diese zu Kugeln formen. Auf ein mit Backpapier ausgelegtes Blech setzen und mit dem Ende eines Kochlöffels in jedes Krapferl eine Vertiefung drücken. Auf mittlerer Schiene ca. 18–20 Minuten backen.

5. Abkühlen lassen, Marmelade in einem Topf unter Rühren erhitzen und mit einem kleinen Löffel vorsichtig die Vertiefungen füllen. Trocknen lassen.

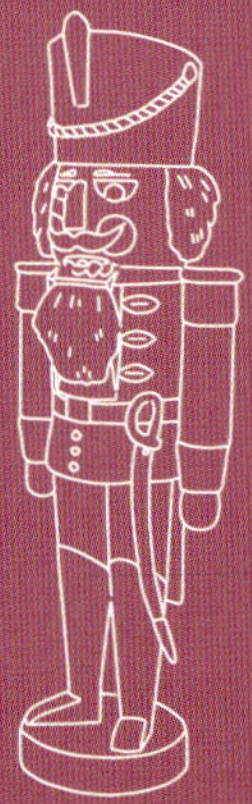

Gefüllter Lebkuchen

20 Stück mit ca. 4,5 cm Durchmesser

125 g Dinkelvollkornmehl, fein gemahlen
175 g Roggenvollkornmehl, fein gemahlen
1½ TL Natron, in 1 EL Wasser aufgelöst
120 g Ahornsirup
60 g Vollrohrzucker
2 TL Zimt
1 Msp. Piment, gemahlen
1 Msp. Koriander, gemahlen
1 Msp. Ingwer, gemahlen
1 Msp. Nelkenpulver
½ TL Anis, gemahlen
½ TL Zitronenschale
10 g Leinsamen, gemahlen in 100 ml Wasser
60 ml Rapsöl
anstelle der Gewürze kann man auch 3 TL Lebkuchengewürz nehmen

Füllung:
50 g Datteln, getr.
50 g Feigen, getr.
50 g Pflaumen, getr.
50 g Nüsse, gemahlen
2 EL Orangensaft
50 ml Ahornsirup
Mandelmilch zum Bestreichen

1. Leinsamen im Wasser quellen lassen und mit dem Öl verrühren. Zucker und Ahornsirup erwärmen, bis der Zucker geschmolzen ist. Mehle mit Natron vermengen, Gewürze und Zitronenschale dazugeben und mit der abgekühlten Zuckermasse und dem Leinsamenölgemisch zu einem Teig verkneten.

2. An einem warmen Ort 1–2 Stunden ruhen lassen.

3. In der Zwischenzeit die Trockenfrüchte ganz fein hacken (mit Pürierstab) und mit den übrigen Zutaten zu einer geschmeidigen Masse verarbeiten.

4. Backofen auf 200 °C vorheizen.

5. Auf einer bemehlten Arbeitsfläche den Teig ca. 3–4 mm dick ausrollen. Plätzchen ausstechen. Die Hälfte davon mit je einem TL Füllung bestreichen. Zweiten Kreis aufsetzen, rundum andrücken und nochmals mit der Form ausstechen. Mit Mandelmilch bestreichen, mit Mandeln verzieren und auf ein mit Backpapier ausgelegtes Backblech setzen.

6. Auf mittlerer Schiene ca. 15–20 Minuten backen.

Lebkuchen

2 Backbleche

200 g Roggenvollkornmehl
1 TL Natron
50 g Vollrohrzucker
60 g Ahornsirup
1 TL Zimt
1 Msp. Nelken, gemahlen
1 Msp. Kardamom, gemahlen
1 Msp. Muskatnuss, gemahlen
(oder 2 TL Lebkuchengewürz anstelle der Gewürze)
50 ml Rapsöl
50 ml Orangensaft, frisch gepresst
Mehl zum Ausrollen
3 EL Aprikosenmarmelade (siehe Rezept Seite 7)
eventuell:
100 g Agavenzucker und tropfenweise Zitronensaft

1. Ahornsirup mit Zucker und Orangensaft aufkochen. Wenn der Zucker aufgelöst ist, Öl einrühren. Abkühlen lassen. Mehl mit Natron versieben, Gewürze dazumischen und mit der Zucker-Ölmasse gut verkneten.

2. In Folie wickeln und über Nacht ruhen lassen (nicht im Kühlschrank).

3. Backofen auf 180 °C vorheizen.

4. Teig auf einer bemehlten Arbeitsfläche ca. 4–5 mm ausrollen. Mit Förmchen Motive ausstechen.

5. Aprikosenmarmelade mit 1–2 EL Wasser vermengen und kurz aufkochen lassen. Lebkuchen damit bestreichen und auf ein mit Backpapier belegtes Blech geben. Ca. 12–15 Minuten backen, auskühlen lassen.

6. Für die Dekoration Agavenzucker mit Tropfen von Zitronensaft zu einer dickflüssigen Paste verrühren. In einen Dressiersack mit kleiner Tülle füllen und die Plätzchen nach Wunsch verzieren. Trocknen lassen.

Kokosmakronen

ca. 20 Stück

50 g Vollkornmehl, fein gemahlen
8 g Weinsteinbackpulver
1 Prise Salz
45 g Vollrohrzucker, fein gemahlen
75 g Kokosette
1 TL Vanille
4 g Leinsamen, gemahlen in 50 ml Wasser
30 ml Rapsöl

1. Backofen auf 150 °C vorheizen.

2. Mehl mit Backpulver und Salz versieben. Leinsamen ca. 5 Minuten im Wasser quellen lassen und mit Öl verrühren. Vanille, Zucker und Kokosette vermengen und zum Mehl mischen. Flüssige Zutaten dazugeben und alles mit einem Löffel gut vermengen.

3. Backbleche mit Backpapier belegen. Mit einem Teelöffel kleine Häufchen darauf setzen und ca. 30 Minuten auf mittlerer Schiene backen.

Schokomakronen
25 Stück

120 g Vollkornmehl, fein gemahlen (Dinkel/Weizen)
8 g Weinstein-backpulver
1 Prise Salz
30 g Walnüsse, gemahlen
50 g Schokolade, 70 %
60 g Vollrohrzucker, fein gemahlen
1 Msp. Zitronenschale
1 TL Vanille
1 EL Mandelmilch
6 g Leinsamen, gemahlen in 50 ml Wasser
50 ml Rapsöl

1. Backofen auf 170 °C vorheizen.

2. Mehl mit Salz und Backpulver versieben. Leinsamen im Wasser ca. 5 Minuten quellen lassen und mit dem Öl und der Mandelmilch verrühren. Zucker mit Vanille und Zitronenschale mischen. Schokolade im Wasserbad schmelzen lassen. Alle Zutaten mit dem Löffel zügig verrühren.

3. Backblech mit Backpapier auslegen und mit einem Teelöffel kleine Häufchen darau fsetzen. Ca. 20 Minuten backen und auskühlen lassen.

Vanillekipferln

ca. 25 Stück

150 g Vollkornweizenmehl, fein gemahlen
1 Prise Salz
50 g Mandeln
40 g Vollrohrzucker, gemahlen
1 Msp. Vanille
40 ml Rapsöl
2 EL Mandelmilch
20 ml Wasser
50 g Vollrohrzucker, gemahlen und
1 EL Vanille zum Besieben
Mehl fürs Backbrett

1. Mehl mit Salz sieben, feinst gemahlenen Vollrohrzucker mit Vanille mischen. Mandeln mit kochendem Wasser überbrühen, kalt abschrecken und Schale abziehen. Fein mahlen. Öl, Milch und Wasser vermengen und aus den Zutaten einen Teig kneten. Sollte er bröselig sein, EL-weise Wasser unterkneten, ist er zu weich, noch etwas Mehl einarbeiten.

2. In Folie wickeln und ca. 2 Stunden in den Kühlschrank geben.

3. Backofen auf 190 °C vorheizen.

4. Teig vierteln, fingerdicke Rollen drehen, ca. 2 cm große Stücke abschneiden und Kipferln formen. Auf ein mit Backpapier ausgelegtes Blech geben und ca. 10 Minuten backen.

5. Direkt am Blech die heißen Kipferln mit dem Zucker-Vanillegemisch besieben. Erst ganz ausgekühlt vom Blech nehmen, da sie sonst leicht brechen.

Orangen-Schokoladentaler

2 Backbleche

140 g Vollkornmehl, fein gemahlen (Dinkel oder Weizen)
1 TL Weinsteinbackpulver
½ TL Natron
1 Prise Salz
60 g Agavensirup
50 g Schokolade, geraspelt
1 EL Oragenschale
1 TL Cointreau
1 Msp. Nelkenpulver
6 g Leinsamen, gemahlen in 50 ml Wasser
50 ml Rapsöl
Mehl zum Ausrollen

Glasur:
50 g Reismilchschokolade oder weiße Schokolade (siehe Rezept Seite 10)
50 ml Mandelcuisine
2 EL Orangenschale
ca. 80 g dunkle Kuvertüre

1. Mehl mit Backpulver, Natron und Salz versieben. Leinsamen ca. 5 Minuten im Wasser quellen lassen, dann mit dem Öl verrühren. Agavensirup mit Orangenschale, Cointreau, Nelkenpulver und geraspelter Schokolade vermengen. Alle Zutaten zu einem Teig verkneten, notfalls etwas Wasser esslöffelweise einkneten.

2. In Folie wickeln und für 2 Stunden in den Kühlschrank stellen.

3. Backofen auf 200 °C vorheizen.

4. Teig auf einer bemehlten Arbeitsfläche ausrollen und kleine Plätzchen (Durchmesser eines Schnapsglases) ausstechen. Auf ein mit Backpapier ausgelegtes Blech setzen und 8–10 Minuten backen.

5. Für die Glasur Reismilchschokolade oder weiße Schokolade über Wasserbad schmelzen und die Hälfte der ausgekühlten Plätzchen damit bestreichen. Für die andere Hälfte die dunkle Kuvertüre ebenfalls schmelzen und alle Taler mit geriebener Orangenschale verzieren.

Espresso-Schokoladenherzen

2 Backbleche

140 g Vollkornmehl, fein gemahlen
4 g Weinsteinbackpulver
1 Prise Salz
35 g Agavensirup
1 Msp. Vanille
50 g Macademianüsse, gemahlen
2 TL lösliches Espressopulver, gemahlen
1 TL Kakaopulver
10 g Leinsamen, gemahlen in 100 ml Wasser
60 ml Öl
100 g Kuvertüre

1. Mehl mit Backpulver und Salz versieben. Agavensirup mit Vanille, Espressopulver und Kakao vermengen. Leinsamen ca. 5 Minuten im Wasser quellen lassen und mit Öl verrühren. Alle Zutaten zügig zu einem Teig verkneten. Bei Bedarf esslöffelweise eiskaltes Wasser oder mehr Mehl dazugeben.

2. In Folie wickeln und 2 Stunden in den Kühlschrank geben.

3. Backofen auf 180 °C vorheizen. Auf einem bemehlten Backbrett Teig messerrückendick ausrollen und Herzen oder andere Formen ausstechen. Auf ein mit Backpapier belegtes Backblech legen und auf mittlerer Schiene ca. 10 Minuten backen. Abkühlen lassen.

4. Kuvertüre im Wasserbad schmelzen und Plätzchen teilweise darin kurz tauchen. Trocknen lassen.

Marzipanrosetten

ca. 10 Stück

15 g Vollkornmehl, fein gemahlen (Dinkel oder Weizen)
100 g Rohmarzipan (siehe Rezept Seite 9)
50 g Agavenzucker
1 Msp. Nelkenpulver
1 Msp. Zimt
5 g Leinsamen, gemahlen in 30 ml Wasser
Mandelblättchen für Dekoration

1. Rohmarzipan nach Rezept zubereiten.

2. Leinsamen im Wasser ca. 5 Minuten quellen lassen. Alle Zutaten miteinander verkneten und in einen Dressiersack mit großer Rosettentülle füllen.

3. Für 1 Stunde in den Kühlschrank geben.

4. Backofen auf 160 °C vorheizen.

5. Ein Backblech mit Backpapier belegen und 10 Rosetten aufspritzen. Mit Mandelblättchen bestreuen. Auf mittlerer Schiene ca. 15 Minuten backen. Auskühlen lassen.

Feines Nougatgebäck

2 Bleche

150 g Vollkornmehl, fein gemahlen (Dinkel oder Weizen)
1 TL Weinsteinbackpulver
½ TL Natron
1 Prise Salz
120 g Nougat (siehe Rezept Seite 8)
1 TL Vanille
10 g Leinsamen, gemahlen in 50 ml Wasser
60 ml Rapsöl
3–4 EL Wasser (eiskalt)
Mehl zum Ausrollen
Orangensirup (siehe Rezept Seite 11) zum Bestreichen

1. Nougat nach Rezept zubereiten.

2. Leinsamen im Wasser 5 Minuten quellen lassen, mit Öl vermengen. Mehl mit Salz, Backpulver und Natron versieben. Alle Zutaten miteinander verkneten, esslöffelweise Wasser einkneten.

3. Teig in Folie wickeln und 2 Stunden in den Kühlschrank geben.

4. Backofen auf 190 °C vorheizen.

5. Teig auf einer bemehlten Arbeitsfläche ausrollen und Formen ausstechen. Ein Backblech mit Backpapier belegen und Plätzchen darauf geben. Mit Orangensirup bestreichen und gehackten Nüssen bestreuen. Ca. 8–10 Minuten auf mittlerer Schiene backen.

Linzer Kekse

ca. 25-30 doppelte, kleine Plätzchen

100 g Dinkelvollkornmehl, fein gemahlen
6 g Weinsteinbackpulver
1 Prise Salz
30 g Vollrohrzucker, fein gemahlen
½ TL Vanille
½ TL Zimt
60 g Walnüsse, gemahlen
8 g Leinsamen, gemahlen in 50 ml Wasser
40 ml Rapsöl
ca. 80 g Himbeermarmelade (siehe Rezept Seite 7)

1. Mehl mit Backpulver und Salz versieben, Zucker mit Nüssen und Gewürzen mischen. Leinsamen im Wasser ca. 5 Minuten quellen lassen und mit Öl verrühren. Alle Zutaten vermengen und auf einem bemehlten Backbrett verkneten. Notfalls esslöffelweise eiskaltes Wasser oder etwas Mehl dazugeben.

2. Teig in Folie wickeln und 2 Stunden kühl stellen.

3. Backofen auf 180 °C vorheizen.

4. Teig auf einem bemehlten Brett mit bemehltem Teigroller messerrückendick ausrollen und Plätzchen ausstechen. Dabei sollte eine Hälfte mit und die andere Hälfte ohne „Guckloch" sein. Bei 180–200 °C ca. 10 Minuten auf mittlerer Schiene backen.

5. Auskühlen lassen, die Marmelade unter Rühren erwärmen und je ein Plätzchen damit mittig bestreichen. Zweites Pläzchen mit Öffnung daraufsetzen. Marmelade trocknen lassen.

Gebackene Nüsse

20 Stück

100 g Vollkornmehl, fein gemahlen (Dinkel oder Weizen)
1 Prise Salz
1 TL Weinstein-backpulver
50 g Vollrohrzucker, fein gemahlen
60 g Haselnüsse, gemahlen
75 ml Öl (Rapsöl, Maiskeimöl)
30 ml Mandelmilch

1. Backofen auf 200 °C vorheizen.

2. Mehl mit Salz und Backpulver versieben. Zucker und Nüsse dazugeben. Öl mit Mandelmilch verrühren und alle Zutaten zu einem Teig verkneten.

3. In Folie wickeln und 1 Stunde in den Kühlschrank geben.

4. Nussförmchen mit Öl bestreichen und Mehl bestäuben, Teig eindrücken und auf mittlerer Schiene 8–12 Minuten backen.

5. Etwas überkühlen und aus der Form klopfen.

Spekulatiuskugeln
ca. 30 Stück

150 g Dinkelvollkornmehl, fein gemahlen
10 g Weinsteinbackpulver
1 TL Natron
1 Prise Salz
70 g Ahornsirup
70 g Haselnüsse, ger.
1 EL Kakao
1 Msp. Koriander, gem.
1 Msp. Kardamom, gem.
1 Msp. Nelkenpulver, gem.
1 Msp. Ingwer, gem.
½ TL Vanille
50 ml Öl
löffelweise Eiswasser

1. Mehl mit Backpulver, Natron und Salz versieben. Haselnüsse und Kakao mit den Gewürzen mischen. Mit Ahornsirup und Öl alles verkneten. Esslöffelweise Eiswasser unterkneten, bis der Teig gut zusammenhält und sich zu einer Kugel formen lässt.

2. In Folie wickeln und 2 Stunden kaltstellen.

3. Backofen auf 190 °C vorheizen.

4. Aus dem Teig Kugeln (Durchmesser ca. 1 cm) formen und auf ein mit Backpapier ausgelegtes Blech setzen, ca. 15–20 Minuten backen. Eventuell mit Mandelsplitter dekorieren.

Ingwerschnittchen

40 Stück

150 g Vollkornmehl, fein gemahlen (Dinkel oder Weizen)
1 TL Natron
1 Prise Salz
50 g Ahornsirup
¼ TL Ingwerpulver
1 Msp. Kardamom, gemahlen
30 g Ingwer, getrocknet
8 g Leinsamen, gemahlen in 50 ml Wasser
50 ml Rapsöl
Mehl zum Ausrollen

Dekoration:
50 ml Mandelcuisine
30 g Ingwer, getrocknet und in kleine Würfel geschnitten

1. Mehl mit Natron und Salz versieben. Leinsamen 5 Minuten im Wasser quellen lassen und mit dem Öl verrühren. Getrockneten Ingwer sehr klein schneiden. Alle Zutaten zu einem Teig verkneten, notfalls esslöffelweise kaltes Wasser einarbeiten, bis er schön zusammenhält.

2. In Folie wickeln und 1 Stunde im Kühlschrank ruhen lassen.

3. Backofen auf 200 °C vorheizen.

4. Auf einem bemehlten Arbeitsbrett Teig ca. 4–5 mm ausrollen und mit sehr kleinen Formen ausstechen. Mit Mandelcuisine bestreichen und Ingwerwürfelchen verzieren.

5. Auf ein mit Backpapier belegtes Backblech setzen und ca. 15 Minuten auf mittlerer Schiene backen.

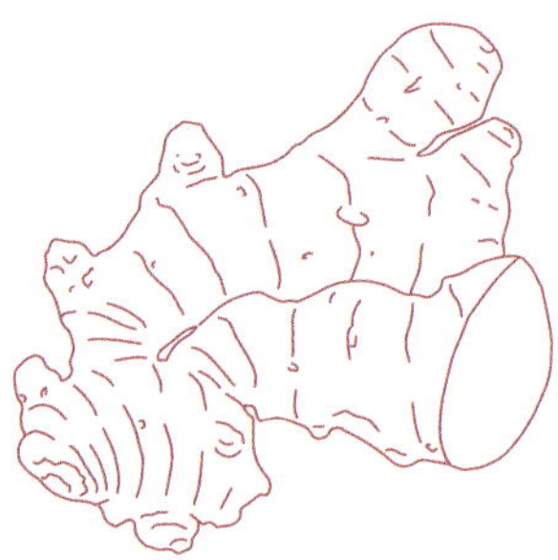

Zimtsterne

1 Blech

120 g Nüsse, fein gemahlen
40 g Agavenzucker
40 g Rohmarzipan (siehe Rezept Seite 9)
1 Msp. Vanille
1 Prise Salz
3 g Zimt
1 TL Orangensaft
ca. 2 EL Wasser
Vollkornmehl, fein gemahlen zum Ausrollen

1. Nüsse mit Zucker, Vanille, Zimt und Salz mischen. Mit den übrigen Zutaten verkneten, dabei das Wasser esslöffelweise untermengen.

2. Teig in Folie wickeln und 2 Stunden im Kühlschrank ruhen lassen.

3. Backofen auf 180 °C vorheizen.

4. Auf einer bemehlten Arbeitsfläche mit einem bemehlten Teigroller den Teig ausrollen. Auch Oberfläche des Teiges mit Mehl bestäuben. Förmchen in kaltes Wasser tauchen und Sterne ausstechen. Dies wiederholen und sich nicht unterkriegen lassen.

5. Die Sterne vorsichtig auf ein mit Backpapier ausgelegtes Blech geben. Ca. 10 Minuten backen und auskühlen lassen, bevor man sie vom Blech nimmt.

Nuss-Schnitten

Form 30 cm x 20 cm

185 g Vollkornmehl, fein gemahlen
8 g Weinstein-backpulver
½ TL Natron
1 Prise Salz
60 ml Ahornsirup
75 g Vollrohrzucker, fein gem.
1 TL Vanille
1 TL Amaretto Likör
1 TL Zimt
1 Prise Koriander, gemahlen
1 Prise Nelkenpulver
30 g Mandeln, gem.
170 ml Mandelmilch
8 g Leinsamen, gem. in 50 ml Wasser
85 ml Rapsöl

1. Backofen auf 180 °C vorheizen.

2. Mehl mit Backpulver, Natron und Salz versieben. Leinsamen ca. 5 Minuten im Wasser quellen lassen und mit Öl verrühren. Zucker, Ahornsirup und Gewürze vermengen und mit der Mandelmilch verrühren. Mit einem Löffel alle Zutaten zügig zu einem Teig verrühren.

3. Backform mit Öl ausstreichen und mit Mehl stauben, Teig einfüllen und auf mittlerer Schiene ca. 25–30 Minuten backen. Stäbchenprobe (siehe allgemeiner Teil) nicht vergessen!

4. In kleine Rechtecke schneiden.

Cranberry-Schokoladenbrot

Kastenform 15 cm x 8 cm

130 g Vollkornmehl, fein gemahlen (Dinkel/Weizen)
8 g Weinsteinbackpulver
1 Prise Salz
50 g Vollrohrzucker, fein gemahlen
30 g Schokolade 70 %, grob gerieben
40 g Erdnüsse
60 g Cranberries, getrocknet
30 g Datteln ohne Kern, getrocknet
40 g Korinthen
1 Msp. Nelkenpulver
½ TL Zimt
130 ml Mandelmilch
5 g Leinsamen, gemahlen, in 50 ml Wasser
Öl und etwas Mehl für die Backform

1. Backofen auf 160 °C vorheizen.

2. Leinsamen im Wasser ca. 5 Minuten quellen lassen und mit der Mandelmilch vermengen. Mehl mit Backpulver und Salz versieben. Erdnüsse grob hacken, Trockenobst fein schneiden. Alle trockenen Zutaten vermengen, Mandelmilchgemisch dazugeben und alles zügig verrühren.

3. Die gefettete und bemehlte Form mit Teig befüllen und ca. 1 Stunde backen lassen. Stäbchenprobe (siehe allgemeiner Teil) nicht vergessen!

Merry X-Mas
Merry X-Mas

Advent-Brownies

Backform (ca. 20 x 30 cm)

185 ml Reismilch
1 TL Apfelessig
60 ml Orangensaft
100 g Ahornsirup
85 ml Rapsöl
15 g Leinsamen, gemahlen in 50 ml Wasser
150 g Dinkelvollkornmehl, fein gemahlen
1 TL Weinsteinbackpulver
1 TL Natron
1 Msp. Salz
30 g Kakao
50 g Haselnüsse, gemahlen
½ TL Zimt
1 Msp. Nelkenpulver
1 TL Vanille
Öl und Mehl für die Form

1. Backofen auf 180 °C vorheizen. Backform dünn mit Öl ausstreichen und mit Mehl ausstreuen.

2. Apfelessig zur Reismilch geben, ca. 5 Minuten stehen lassen. Leinsamen ca. 5 Minuten im Wasser quellen lassen. Milch, Orangensaft, Leinsamen und Öl miteinander mit einem Löffel vermengen. Mehl mit Backpulver und Natron versieben, Salz und Gewürze beimengen und mit den Nüssen und dem Kakao zu den flüssigen Zutaten geben. Mit dem Löffel alles zügig verrühren.

3. Teig in die Form gießen und auf mittlerer Schiebeleiste ca. 25–30 Minuten backen. Stäbchenprobe (siehe allgemeiner Teil) machen.

4. Kuchen in der Form auskühlen lassen.

Ganache:
100 ml Mandel- oder Reiscuisine
100 g vegane Schokolade 70 %
etwas Reis- und dunkle Schokolade für Späne
20 Stück Haselnüsse

Für die Ganache:

1. Cuisine einmal aufkochen lassen, vom Herd nehmen und die grob zerkleinerte Schokolade einrühren, bis alles sämig ist.

2. Über den Kuchen gießen und glatt streichen. Kalt werden lassen.

3. Schokospäne aus weißer und dunkler Schokolade schneiden und die Haselnüsse grobblättrig.

4. Kuchen in kleine Rechtecke oder Quadrate schneiden und mit den Nüssen und Schokospänen dekorieren.

Hausfreunde

2 Striezeln

150 g Dinkelvollkornmehl, fein gemahlen
4 g Weinsteinbackpulver
½ TL Natron
1 Prise Salz
40 g Vollrohrzucker, fein gemahlen
½ TL Vanille
1 Msp. Zitronenschale
50 g Haselnüsse, gehackt
25 g Pflaumen, getrocknet
25 g Datteln, getrocknet
60 g Reismilchschokolade
10 g Leinsamen, gemahlen in 100 ml Wasser

zum Bestreichen:
1 EL Aprikosenmarmelade (siehe Rezept Seite 7)
oder
2 EL Orangensirup (siehe Rezept Seite 11)

1. Backofen auf 180 °C vorheizen.

2. Mehl mit Backpulver, Natron und Salz versieben. Leinsamen ca. 5 Minuten im Wasser quellen lassen. Reismilchschokolade hacken, Trockenfrüchte klein schneiden. Zucker mit Vanille, Zitronenschale und Nüssen vermengen. Alle Zutaten zügig zu einem Teig kneten, notfalls etwas Wasser beifügen.

3. 2 Striezeln aus dem Teig formen, sie leicht mit der Hand etwas flacher drücken.

4. Aprikosenmarmelade erwärmen und die Oberfläche der Striezeln damit bestreichen. Auf ein mit Backpapier ausgelegtes Blech legen und auf mittlerer Schiene ca. 30–35 Minuten backen.

5. Etwa 5 Minuten auskühlen lassen und die Striezel mit einem Sägemesser in knapp 1 cm breite Stücke schneiden.

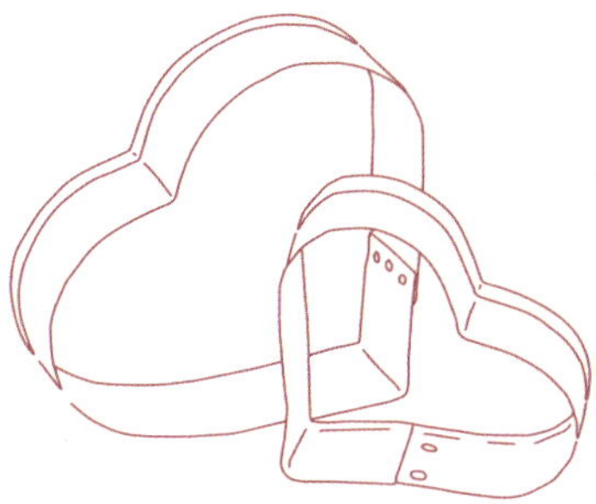

Pflaumenbrot

1 Kastenform 30 cm x 12 cm

230 g Vollkornmehl, fein gemahlen (Dinkel oder Weizen)
1 Pk. Weinsteinbackpulver (ca. 17 g)
1 Prise Salz
250 g Pflaumen, getrocknet und entsteint
55 g Vollrohrzucker, fein gemahlen
60 g Ahornsirup
50 g Nüsse, gemahlen
1 TL Vanille
½ TL Nelkenpulver
1 EL Zitronenschale
250 ml Pflaumenkochwasser

1. Backofen auf 180 °C vorheizen.

2. Pflaumen mit 400 ml Wasser aufkochen, 10 Minuten köcheln lassen, abseihen, dabei das Pflaumenkochwasser auffangen.

3. Mehl mit Backpulver und Salz versieben. Alle Zutaten mit den Pflaumen samt 250 ml Kochwasser zu einem nicht zu dicken Teig verrühren.

4. Eine Kastenform ausfetten und mit Mehl bestäuben. Teig einfüllen, glattstreichen und auf der 2. Schiebeleiste von unten auf dem Gitterrost ca. 30–35 Minuten backen. Stäbchenprobe (siehe allgemeiner Teil) machen!

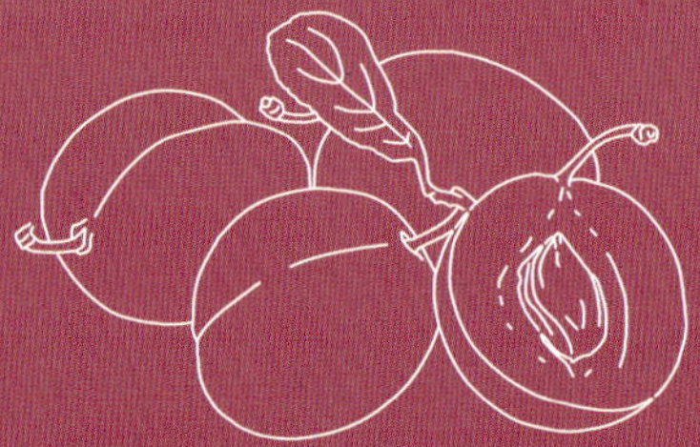

Weihnachtsstollen

1 Stück

280 g Vollkornmehl, fein gemahlen (Dinkel oder Weizen)
1 Pk. Weinsteinbackpulver (ca. 17 g)
1 Prise Salz
50 g Vollrohrzucker, gemahlen
1 TL Vanille
1 EL Zitronenschale
10 g Leinsamen, gemahlen in 100 ml Wasser
40 ml Rapsöl
Mehl zum Ausrollen

Füllung:
160 g Trockenfrüchte (z.B. Rosinen, Cranberries, Datteln, Feigen …)
60 g Nüsse, gehackt
1 TL Vanille
60 g Ahornsirup
Vollrohrzucker, fein gemahlen zum Besieben

1. Backofen auf 190 °C vorheizen.

2. Mehl mit Backpulver und Salz versieben. Leinsamen im Wasser ca. 5 Minuten quellen lassen und mit dem Öl verrühren. Zucker, Vanille und Zitronenschale mischen und alles zu einem Teig verkneten. Notfalls esslöffelweise kaltes Wasser oder etwas Mehl beifügen.

3. Für die Füllung die klein geschnittenen Trockenfrüchte , gehackten Nüsse, Vanille und Ahornsirup gut vermischen.

4. Auf einem bemehlten Backbrett den Teig ausrollen, mit Füllung bestreichen, beide Enden einschlagen und mit der langen Seite einrollen.

5. Auf ein mit Backpapier belegtes Backblech legen (Naht nach unten) und ca. 40 Minuten auf mittlerer Schiene backen. Den noch heißen Stollen dick mit Zucker besieben.

Zelten

6 Stück à 400 g

150 g Datteln
150 g Aprikosen, getrocknet
250 g Rosinen
120 g Birnen, getrocknet
380 g Feigen, getrocknet
250 g Pflaumen, getrocknet
100 g Cranberries, getrocknet
100 g Honigmelone, getrocknet
250 g Walnüsse
100 ml Rum

700 g Roggenbrotteig
Zutaten dafür:
700 g Roggenvollkornmehl
1 Packung Sauerteig
1 Packung Trockenhefe
1 TL Agavensirup
1 TL Salz
ca. 500–600 ml lauwarmes Wasser

250 g Mandeln
1 EL Vollrohrzucker, in 100 ml Wasser aufgelöst

1. Birnen in ½ l Wasser kochen, bis sie weich sind. Anschließend die Feigen im selben Kochwasser kochen. Stängelansatz herausschneiden. Datteln entkernen und fein schneiden, ebenso die restlichen Trockenfrüchte. Die ganzen Walnüsse mit dem geschnittenen Trockenobst und den abgeseihten Früchten in eine Schüssel geben und mit dem Rum vermengen. Notfalls etwas von der Kochflüssigkeit untermischen, die Masse sollte weich sein, aber nicht flüssig.

2. Mit Folie bedecken und über Nacht stehen lassen.

3. Für den Roggenbrotteig Mehl, Sauerteig, Hefe, Agavensirup und Salz mischen. Wasser beimengen und alles gut verkneten.

4. Teig in eine Schüssel füllen und zugedeckt an einem warmen Ort ca. 2 Stunden gehen lassen. Teig nochmals gut durchkneten und nochmals 1 Stunde zugedeckt ruhen lassen.

5. Backofen auf 180 °C vorheizen. Ein Backblech mit Backpapier auslegen.

6. Die Früchte mit dem Roggenbrotteig sehr gut mischen, ca. 400 g schwere Teigstücke abmessen und daraus runde oder ovale Brote mit ca. 2 cm Höhe formen. Mandeln kurz in Wasser aufkochen, kalt abschrecken und die Haut abziehen. Zelten mit Zuckerwasser einpinseln, mit Mandeln belegen und auf das Blech geben.

7. Ca. 40–50 Minuten in der Mitte des Backofens backen. Abkühlen lassen.

Weihnachtspanettone

4 kleine Panettoni

200 g Vollkornmehl, fein gemahlen (Dinkel oder Weizen)
5 g Trockenhefe
1 Prise Salz
25 g Agavensirup
150 ml Mandelmilch, lauwarm
30 g Pistazien
30 g Korinthen
30 g Cranberries, getrocknet
1 TL Orangenschale
30 ml Rapsöl
Orangensirup zum Bestreichen (siehe Rezept Seite 11)

1. Mehl und Salz in eine Schüssel sieben. Agavensirup mit Hefe und Mandelmilch verrühren und mit dem Mehl vermengen. Zugedeckt an einem warmen Platz 20 Minuten gehen lassen.

2. Restliche Zutaten gut mit dem Vorteig verkneten und nochmals zugedeckt an einem warmen Ort 1 Stunde gehen lassen. Das Teigvolumen sollte sich verdoppeln.

3. Backofen auf 180 °C vorheizen. 4 backofenfeste Förmchen mit Öl ausstreichen und mit Mehl bestäuben. Teig vierteln und Formen befüllen. Auf dem Gitterrost ca. 20 Minuten backen.

4. Noch heiß mit Orangensirup bestreichen und trocknen lassen.

Mini-Schoko-Cupcakes

16 Stück mit 4,5 cm Durchmesser

75 g Vollkornmehl, fein gemahlen (Dinkel oder Weizen)
6 g Weinsteinbackpulver
1 Prise Salz
60 g Vollrohrzucker, fein gemahlen
10 g Kakao
50 g Schokolade 70 %
5 g Leinsamen, gemahlen in 30 ml Wasser
25 ml Rapsöl
50 ml heißes Wasser

Creme:
250 g Schokolade, 70 %
200 ml Mandelcuisine
1 TL Zitronensaft
80 g Vollrohrzucker, fein gemahlen
40 ml Wasser

Karamell:
3 EL Agavensirup
4 EL Nüsse, gehackt
1 EL Wasser

1. Backofen auf 180 °C vorheizen.

2. Mehl mit Backpulver und Salz versieben. Leinsamen ca. 5 Minuten im Wasser quellen lassen und mit dem Öl verrühren. Schokolade über Wasserbad schmelzen, Zucker und Kakao mischen. Alle Zutaten zügig mit einem Löffel verrühren.

3. Muffinsförmchen mit Papiermanschetten auskleiden oder mit Öl ausstreichen und bemehlen. Mit einem kleinen Löffel Teig einfüllen, etwas mehr als die Hälfte. Glattstreichen und auf mittlerer Schiene auf dem Gitterrost ca. 10–12 Minuten backen. Auskühlen lassen.

4. Für die Creme Zucker mit Zitronensaft und Wasser schmelzen, 3–4 Minuten köcheln lassen (rühren !!), vom Herd nehmen, Cuisine einrühren und die gehackte Schokolade darin schmelzen lassen. Gut durchrühren, bis Schokoladenganache glatt ist. Für 4 Stunden in den Kühlschrank stellen, dabei immer wieder durchrühren. Die Creme sollte fest werden, dabei aber cremig bleiben.

5. Für das Nusskaramell Agavensirup und Wasser in einem kleinen Topf aufkochen, 3–4 Minuten unter Rühren köcheln lassen und die gehackten Nüsse einrühren. Noch 2–3 Minuten karamellisieren lassen, dann auf ein vorbereitetes Backpapier streichen. Wenn die Masse erstarrt ist, vom Papier ziehen und mit einem großen Messer hacken.

6. Creme in einen Dressiersack mit großer Tülle geben und die Cupcaces damit verzieren. Mit Karamellnüssen bestreuen und kühl stellen.

Adventliche Mandelküchlein

4 Stück (Auflaufförmchen ca. 150–175 ml)

130 g Vollkornmehl, fein gemahlen (Dinkel oder Weizen)
1 TL Weinsteinbackpulver
1 TL Natron
1 Prise Salz
180 ml Mandelmilch (oder Reismilch)
1 TL Apfelessig
20 g Agavensirup
1 TL Vanille
75 g Mandeln, gemahlen
2 Msp. Ingwer, gemahlen
½ TL Nelkenpulver
12 g Leinsamen, gemahlen in 100 ml Wasser
60 ml Rapsöl

100 g Cashews
130 ml Orangensaft, frisch
50 ml Agavensirup
5 Datteln
10 Stück Nüsse oder Pistazienkerne

1. Cashews am Vortag in Wasser (gut bedeckt) einweichen.

2. Mehl mit Backpulver, Salz und Natron versieben. Leinsamen 5 Minuten im Wasser quellen lassen und mit dem Öl verrühren. Apfelessig zur Mandelmilch geben und 5–10 Minuten stehen lassen. Gewürze und Nüsse mischen und zum Mehl geben. Alle Zutaten jetzt mit einem Löffel zügig zusammenrühren.

3. Backförmchen mit wenig Öl ausstreichen und bemehlen. Backofen auf 190 °C vorheizen. Teig in Förmchen füllen und auf mittlerer Schiene ca. 20–25 Minuten backen. Bei der Stäbchenprobe (siehe allgemeiner Teil) darf kein Teig daran haften bleiben. Auf einem Kuchengitter abkühlen lassen und aus der Form nehmen.

4. In der Zwischenzeit Cashews in einem Sieb mit frischem Wasser abspülen und abtropfen lassen. In einem hohen Gefäß mit dem Pürierstab oder in der Küchenmaschine so lange bearbeiten, bis eine cremige Masse entstanden ist. Nach Belieben die Konsistenz mit etwas Wasser oder Cuisine verändern und nach Geschmack eventuell süßen.

5. Orangensirup nach Rezept (S. 11) zubereiten.

6. Küchlein auf Teller stellen und mit Orangensirup beträufeln. Mit Cashewsahne und geschnittenen Datteln und Nüssen anrichten.

Weihnachtliche Schokoladentorte

z.B. Sternform, innerer Durchmesser ca. 30 cm

240 g Vollkornmehl, fein gemahlen (Dinkel oder Weizen)
1 Pk. Weinsteinbackpulver (ca. 17 g)
1 Prise Salz
75 g Vollrohrzucker, fein gemahlen
80 g Ahornsirup
1 TL Vanille
3 g Lebkuchengewürz oder Zimt, Nelkenpulver, Kardamom, Muskat (zusammen 3 g)
30 g Kakao
250 ml Reismilch
10 g Leinsamen, gemahlen in 50 ml Wasser
100 ml Rapsöl
Agavenzucker zum Besieben

1. Backofen auf 180 °C vorheizen.

2. Mehl mit Backpulver und Salz versieben. Leinsamen im Wasser ca. 5 Minuten quellen lassen und mit dem Öl verrühren. Zucker, Ahornsirup, Kakao und Gewürze mischen. Alle Zutaten zügig mit einem Löffel verrühren.

3. Form mit Öl ausstreichen und bemehlen. Teig einfüllen und glattstreichen.

4. Auf der 2. Schiebeleiste von unten auf dem Rost ca. 30–35 Minuten backen. Stäbchenprobe (siehe allgemeiner Teil) machen.

Sternentorte nach Linzer Art

Durchmesser 20 cm

300 g Vollkornmehl, fein gemahlen (Dinkel oder Weizen)
1 Pk. Weinsteinbackpulver (17 g)
1 Prise Salz
75 g Vollrohrzucker, fein gemahlen
75 g Ahornsirup
150 g Haselnüsse, gemahlen
1 TL Vanille
1 TL Zimt
1 Zitrone, Saft und Schale
50 ml Mandelmilch oder -cuisine
8 g Leinsamen, gemahlen in 50 ml Wasser
100 ml Rapsöl
Mehl zum Ausrollen
200 g Himbeermarmelade (siehe Rezept Seite 7)
Mandelcuisine zum Bestreichen
4 Bogen Backpapier

1. Mehl mit Backpulver und Salz versieben. Leinsamen ca. 5 Minuten im Wasser quellen lassen, dann mit Mandelcuisine und Öl verühren. Zucker, Haselnüsse, Vanille, Zimt, Zitronensaft und Schale mischen. Alle Zutaten miteinander verkneten, notfalls esslöffelweise kaltes Wasser oder etwas Mehl unterkneten. Teig sollte nicht bröseln, aber auch nicht zu weich sein.

2. In Folie wickeln und 2 Stunden in den Kühlschrank geben.

3. Backofen auf 200 °C vorheizen.

4. 1 Backpapier mit Mehl bestäuben, auch den Teigroller. Teig vierteln und auf dem Backpapier ausrollen. Kreis mit ca. 20 cm Durchmesser (Tortenboden) auflegen und mit einem Messer die Form ausschneiden. Mit Backpapier auf das Backblech ziehen und in der Mitte ca. 10 Minuten backen. Vom Blech ziehen und auskühlen lassen. Mit dem 2. Kreis ebenso verfahren. Den 3. Kreis ausschneiden und mit einer Sternplätzchenform ein Muster ausstechen. Mit Mandelcuisine die Oberfläche einstreichen und backen. 4. Kreis ausschneiden und backen. Aus dem restlichen Teig noch Plätzchen ausstechen und backen.

5. Den 1., 2., und 4. Kreis mit Marmelade bestreichen und aufeinandersetzen. Zuletzt den 3. Kreis mit den Sternen aufsetzen. Mit Folie einwickeln und über Nacht im Kühlschrank ruhen lassen.

Register

Impressum

© Neun Zehn Verlag Walter Unterweger
Kreuzstraße 21, 13187 Berlin-Germany
www.neunzehn-verlag.de

1. Auflage 2014
ISBN 978-3-942491-46-4
Printed 2014

Rezepte: Kristina Unterweger
Photographie: W. Dullacher

Satz: Satz- & Verlagsservice Ulrich Bogun
Illustrationen: Nessa Horn